Hans Tapper/Marianne Müller/Ota Mikolasek

Servietten
dekorativ falten

FALKEN

Inhalt

Im FALKEN Verlag sind zahlreiche
Titel zum Thema Tischdekoration und
Gastlichkeit erschienen. Fragen Sie
Ihren Buchhändler!

ISBN 3 8068 1337 X

© 1995 by Falken-Verlag GmbH,
65527 Niedernhausen/Ts.

Umschlaggestaltung: Andreas Jacobsen
Titelbild: Angela Francisca Endress, Usingen-Eschbach
Fotos: S. 8, 9, 10, 11, 14, 15, 32, 33, 34, 35, 40, 41,
46, 47, 48: Angela Francisca Endress, Usingen-Eschbach;
alle übrigen: Photo Design Studio Gerhard Burock,
Wiesbaden-Naurod
Zeichnungen: Ulrike Hoffmann, Bodenheim
Wir danken den Firmen »smail Konrad Horn-
schuch AG, Urach« und »Hötker und Walter-
scheid, Steinfurt« für Servietten und Tisch-
decken sowie Frau Ursula Zöller für
ihre Unterstützung beim Serviettenfalten.
Satz: Raasch & Partner GmbH, Neu-Isenburg
Gesamtkonzeption: Falken-Verlag GmbH,
D-65527 Niedernhausen/Ts.

010804860993X 817 2635 4453 62

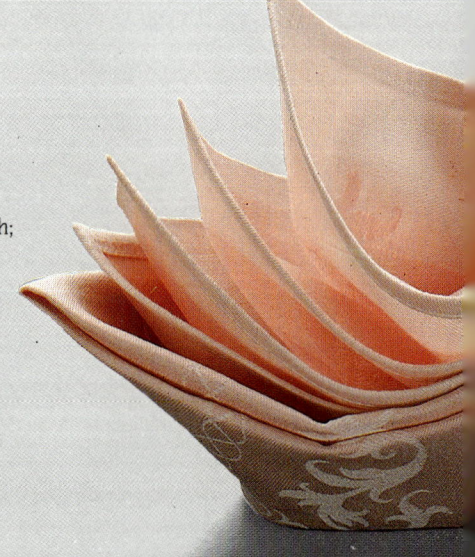

Vorwort

Eine festliche Tafel, mit feinen Tisch-geräten gedeckt und mit Blumen geschmückt, bietet ohne kunstvoll gefaltete Servietten keinen voll-kommenen Anblick. Aber auch der schlicht gedeckte Mittags- oder Abendbrottisch, das Frühstücksge-deck oder die kleine Kaffeetafel gewinnen durch dekorativ gefaltete Servietten.

Die Mundserviette läßt sich in Europa seit dem 15. Jahrhundert nachweisen. An den höfischen Tafeln wurden zur Säuberung von Mund und Händen warme Tücher gereicht, die häufig sogar parfümiert waren.

Anfang des 19. Jahrhunderts kam das Mundtuch auch in bürgerlichen Kreisen in Mode. Auf alten Bildern kann man heute noch den Schlem-mer von damals sehen: mit um den Hals gebundenem Tuch zum Schutze der Kleidung.

Heute wird die Serviette etwas dezenter eingesetzt. Man nimmt sie vom Tisch und legt sie entfaltet auf den Schoß, um sie während des Essens zum Abtupfen der Lippen und zum Reinigen der Hände zu benutzen.

Allerdings sollten bei Speisen, die man mit den Fingern verzehrt, zu-sätzlich zur Serviette unbedingt Fingerschalen bereitstehen.

Das klassische Material zum Serviet-tenfalten ist die zum Tafeltuch pas-sende Stoffserviette aus baumwolle-nem Damastgewebe.

Zum Falten sollten Stoffservietten aus Baumwolle, Halbleinen, Viskose und anderen Kunstfasern gut gestärkt, aber nicht zu steif sein.

Auch mit Servietten aus Zellstoff las-sen sich einige der im Buch vorge-stellten Serviettenformen gut falten, wenn das Material nicht zu weich ist. Dünne Papierservietten, die soge-nannten Kaffeeservietten, die im Handel in allen Farben erhältlich sind, eignen sich nur für wenige Falt-möglichkeiten.

Bei Stoffservietten beträgt die nor-male Größe 50 x 50 cm. Im Einzel-handel werden auch kleinere Größen angeboten, mit denen man ebenfalls arbeiten kann. Zellstoffservietten findet man im Format 33 x 33 cm und kleiner. Gute feste Tücher aus Zellstoff – 40 x 40 cm – sind im Einzelhandel nur schwer erhältlich. Vielleicht regt dieses Büchlein zu Änderungen an?

Achten Sie darauf, daß alle Serviet-ten, mit denen Sie arbeiten wollen, seitengleich sind.

Nadeln und Klebstoff dürfen beim Falten nicht verwendet werden. An einer Stecknadel könnte man sich verletzen, geklebte Servietten kann man nicht mehr entfalten. Allerdings müssen die meisten der beim Falten entstandenen Brüche sehr fest glatt-gestrichen werden. Kunstvoll gefal-tete Servietten sind auch heute ein Teil der Tafelkultur.

Viel Spaß bei der Gestaltung und Ver-wendung Ihres Tafelschmucks!

3

Die Grundschritte

Exakt quadratische Servietten sind Voraussetzung für das Gelingen aller Formen. Achten Sie also darauf, daß Sie beim Bügeln oder Mangeln die Stoffservietten nicht verziehen. Alle Faltvorschläge gehen von der voll ausgebreiteten, quadratischen Serviette aus, die, wenn nicht ausdrücklich anders angegeben, immer mit der linken Seite nach oben liegt (Abb. 1).

Von dieser Grundform ausgehend gibt es verschiedene Grundschritte, die im folgenden immer wieder benötigt werden. Die häufigsten Grundschritte führen zum Quadrat: Man faltet die untere Kante auf die obere und erhält dann eine oben offene Tasche (Abb. 2), die man im nächsten Schritt zum Quadrat faltet, indem man die linke Kante auf die rechte – oder umgekehrt – klappt (Abb. 3). Eine einfachere Variante ist die unten offene Tasche, die entsteht, wenn man die obere Kante des Ausgangsquadrats auf die untere faltet (Abb. 4). Bei der dritten Möglichkeit wird die Serviette in der senkrechten Mitte halbiert, so daß die offene Seite rechts liegt (Abb. 5). Obwohl die Serviette jedesmal nur zur Hälfte zusammengelegt wird, sollte man genau darauf achten, wo die offene Seite liegt, denn davon hängt oft das Gelingen der weiteren Faltung ab.

Eine zweite Gruppe von Faltungen

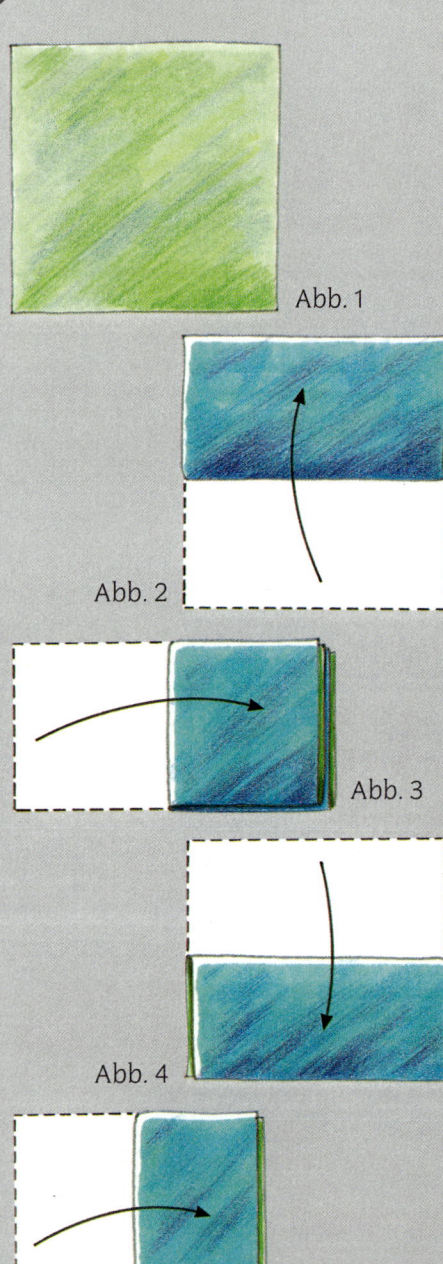

Abb. 1

Abb. 2

Abb. 3

Abb. 4

Abb. 5

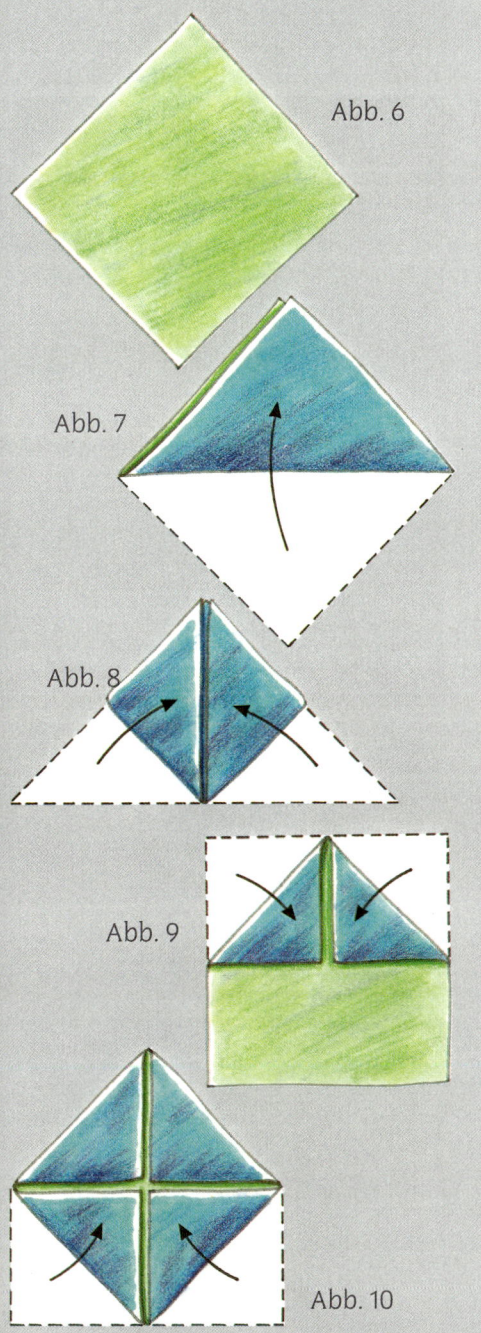

Abb. 6

Abb. 7

Abb. 8

Abb. 9

Abb. 10

geht auch von dem voll ausgebreiteten Tuch aus, doch wird es als auf die Spitze gestelltes Quadrat, als Rhombus, ausgelegt (Abb. 6).

Im zweiten Schritt wird die untere Ecke auf die obere gefaltet, oder auch umgekehrt, so daß ein Dreieck entsteht (Abb. 7).

Ein weiterer Grundschritt kann darin bestehen, daß die linke und die rechte Ecke zur Dreiecksspitze hin gefaltet werden, so daß wieder ein Rhombus entsteht (Abb. 8).

Schließlich gibt es ein paar Faltungen, die, gleich vom Quadrat ausgehend, in andere Formen gefaltet werden, etwa indem man die Quadratfläche drittelt, wenn man die obere und die untere Kante bis zum Mittelbruch klappt.

Für andere Formen werden die beiden oberen Ecken zur Mitte hin gefaltet (Abb. 9), oder es werden alle vier Ecken in der Serviettenmitte zusammengeführt (Abb. 10).

Damit die Ecken sich exakt in der Mitte treffen und die Kanten genau aneinanderstoßen, muß die Serviette wirklich quadratisch sein. Bei allen weiteren Faltungen nach diesem Grundmuster ist besonders darauf zu achten, wann die Serviette auf die andere Seite gedreht werden muß, weil dadurch die Form ganz wesentlich bestimmt wird.

5

Taschen

Tasche 1

1. Legen Sie die glatte Serviette mit der linken Seite nach oben vor sich hin, . . .

4. Dann klappen Sie das obere Blatt der Serviette diagonal nach unten.

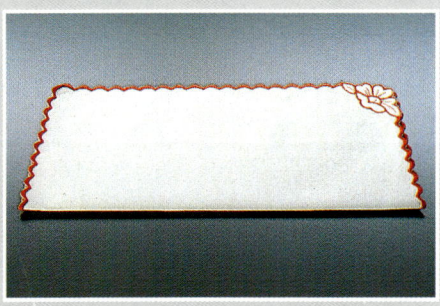

2. . . . und falten Sie diese einmal in der Mitte nach oben.

5. Das zweite Blatt legen Sie ebenfalls diagonal zur Mitte und schieben es etwas unter das erste Blatt. So entsteht eine leichte Welle.

3. Falten Sie die Serviette noch einmal, so daß ein Quadrat entsteht, dessen offene Seiten nach oben rechts zeigen.

Tasche 2

1.—3. Diese Schritte sind die gleichen wie bei Tasche 1.
4. Danach klappen Sie das erste und zweite Blatt diagonal nach innen, so entsteht eine Tasche.

Tasche 3

1.—4. Diese Schritte sind die gleichen wie bei Tasche 2.
5. Wenn Sie das dritte Blatt ebenfalls nach innen legen (nicht festdrük-ken), entstehen zwei Taschen.

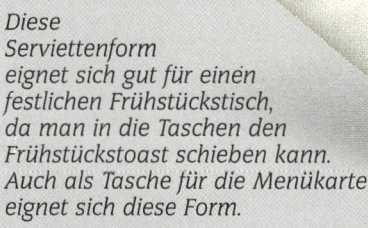

Diese Serviettenform eignet sich gut für einen festlichen Frühstückstisch, da man in die Taschen den Frühstückstoast schieben kann. Auch als Tasche für die Menükarte eignet sich diese Form.

Melone   Dreispitz

1.–4. Die Serviette wie auf Seite 4 beschrieben (Abb. 1–3) zum Quadrat falten, dann die oben rechts liegenden Ecken nacheinander eng zur Mitte hin einrollen.

1.–4. Wiederum die Serviette zum Quadrat falten, dann die untere Ecke des Quadrats nach oben falten. Es entsteht ein Dreieck.

5. So sieht die Serviette aus, wenn alle vier oberen Ecken eingerollt sind.

5. Die oben liegenden Ecken über die untere Kante hinaus nach unten falten.

Für diese einfache Form eignet sich eine weiche Serviette mit zarter Außenmusterung oder einer Stickerei besonders gut.

6. Jetzt die verbliebene Ecke ebenfalls zur Mitte einrollen.

Die Melone mit einer rechts auf rechts gefalteten Serviette beginnen. Falls die Rollen nicht gut halten, auf das Einrollen der linken unteren Ecke verzichten und die erste Ecke darüberlegen.

Spargel mit Variante

Variante

1. Die obere und die untere Kante zur Mitte klappen.

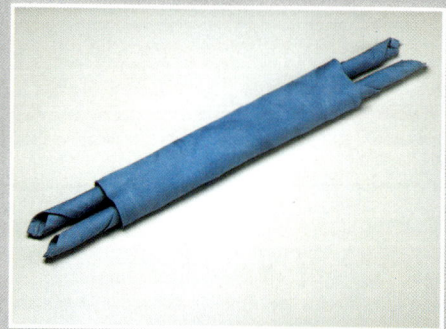

1. Die Spargelform herstellen und umdrehen.

2. Die vier Ecken auf die hier gezeigte Weise nach außen falten.

3. Die Serviette von beiden Seiten zur Mitte aufrollen. Es entsteht die typische Spargelform.

2. Die beiden Enden zur Mitte hochklappen und die Spitzen ineinanderstecken.

Spitzhut

1. Legen Sie die Serviette mit der linken Seite nach oben vor sich hin.

4. Durch Drehen der Hand bis zur Mitte der Serviette wird eine Tüte gebildet.

2. Falten Sie die Serviette in der Mitte nach unten.

5. Legen Sie nun das andere Ende der Serviette über die Tüte (die beiden unteren Ecken müssen übereinanderliegen).

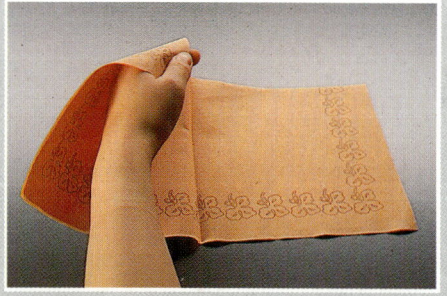

3. Nehmen Sie die linke obere Ecke mit der linken Hand zwischen Daumen und Zeigefinger, und lassen Sie die Serviette nach außen über Ihren Handrücken laufen.

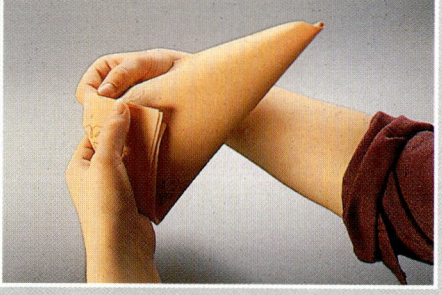

6. Die übereinanderliegenden Ecken werden nach oben geknickt und umgeschlagen.

Der Spitzhut läßt sich gut mit einer Zell-
stoffserviette falten.
Zu einem rustikalen Abendbrot ist er die
richtige Tischdekoration.

13

Eckenfächer

1. Die beiden oberen Ecken zur Mitte, dann wieder halb zurückfalten.

3. Von der Mitte ausgehend zuerst die eine Seite in drei gleichmäßig breite Falten kniffen . . .

2. Die untere Kante hochklappen, so daß die eben gefalteten Ecken noch zu sehen sind.

4. . . . dann die andere Seite gegengleich ebenfalls in drei Falten legen.

Ob, wie hier, in ein Glas gestellt, oder auf einem Teller liegend: der Eckenfächer wirkt in beiden Fällen sehr dekorativ und ist nicht schwer zu falten. Allerdings eignet sich eine gestärkte Stoffserviette besser als ein Papiertuch.

Tafelspitz

Doppelter Tafelspitz

1. Legen Sie die Serviette vor sich hin.

2. Falten Sie die Serviette in der Mitte nach unten.

3. Die untere linke Ecke des oberen Blattes auf die rechte untere Ecke ziehen, so daß ein Dreieck entsteht.

4. Die rechte untere Ecke des Dreiecks wird nach links gefaltet.

5. Ziehen Sie die rechte untere Ecke des oberen Blattes auf die linke.

6. Die zweite rechte Ecke wird nach links gelegt und die so entstandene Außenkante fest angedrückt.

So sieht der doppelte Tafelspitz fertig gefaltet aus. Er läßt sich sehr gut mit Papierservietten arbeiten und ist ein dekorativer Schmuck für jede Kaffeetafel.

Einfacher Tafelspitz

1. Legen Sie die obere linke und die obere rechte Ecke nach unten zur Mitte.

2. Ergreifen Sie die Spitze, und stellen Sie den Tafelspitz auf.

Mütze mit Varianten

1. Die Serviette mit der linken Seite nach oben vor sich hinlegen.

4. Die untere Ecke des so entstandenen Quadrats wird etwa ein Viertel nach oben eingeschlagen.

2. Falten Sie diese in der Mitte nach oben.

5. Die äußeren Ecken stecken Sie hinten zusammen.

3. Dann falten Sie die Serviette in der Mitte nach rechts und drehen sie.

6. So sieht die fertige Mütze aus.

Variante 1

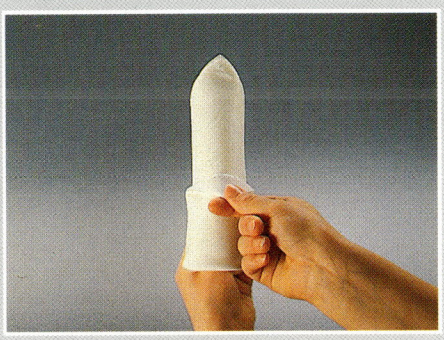

7. Durch Herunterziehen der Spitze des unteren Dreiecks entsteht Variante 1.

Variante 2

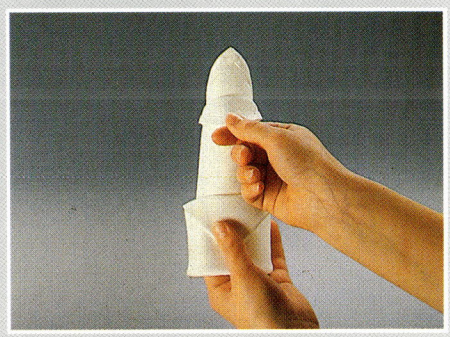

8. Hier wird auch noch die Spitze des oberen ersten Blattes nach unten gelegt.

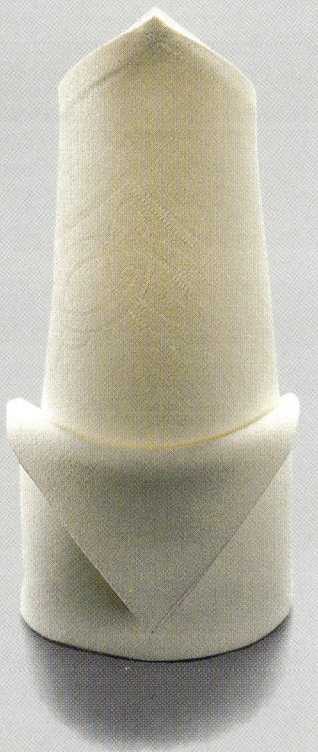

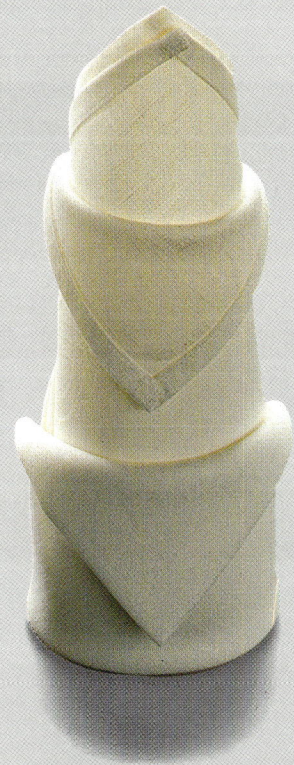

Bischofsmütze

1. Die Serviette mit der linken Seite nach oben vor sich hinlegen.

4. . . . und die rechte untere Ecke zur Mitte nach oben gefaltet. Es entsteht eine Raute.

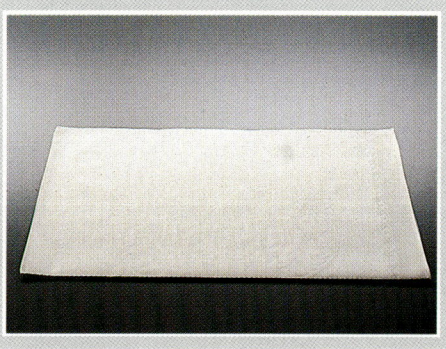

2. Falten Sie die Serviette in der Mitte nach oben.

5. Wenden Sie die Serviette, so daß die Dreiecke unten liegen.

3. Jetzt wird die linke obere Ecke zur Mitte nach unten . . .

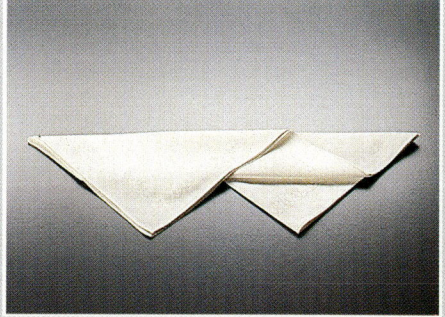

6. Falten Sie nun die Raute in der Mitte nach oben. (Die Spitzen der Dreiecke müssen nach unten überstehen.)

7. Das rechte Dreieck wird über die Oberkante nach vorn übergeschlagen. (Die Brüche alle fest andrücken!)

8. Drehen Sie die Serviette um, und stecken Sie die Ecken ineinander.

Fächer

Einfacher Fächer

1. Die Serviette mit der linken Seite nach oben vor sich hinlegen.

2. Falten Sie die Serviette in der Mitte nach oben.

3. Die Serviette wird noch einmal längs in der Mitte gefaltet und um 90 Grad gedreht.

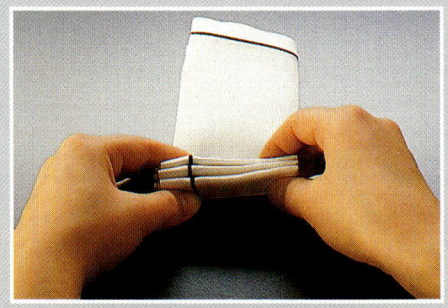

4. Legen Sie die schmale Seite im Ziehharmonikasystem gleichmäßig in kleine Falten.

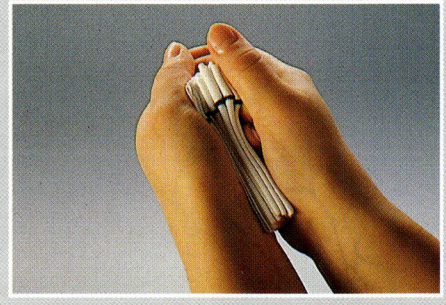

5. Pressen Sie die gefaltete Serviette fest zusammen.

6. Nehmen Sie den unteren Rand der Serviette fest in die Hand, und ziehen Sie den oberen Rand auseinander.

Je kleiner und genauer Sie die »Ziehhar-monika« falten, um so runder fällt der Fächer.

Zweifacher Fächer

1. Legen Sie die Serviette mit der linken Seite nach oben vor sich hin.

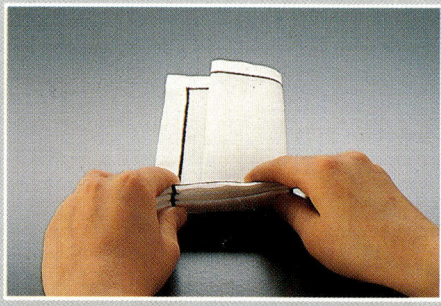

4. Legen Sie die schmale Seite im Ziehharmonikasystem gleichmäßig in kleine Falten.

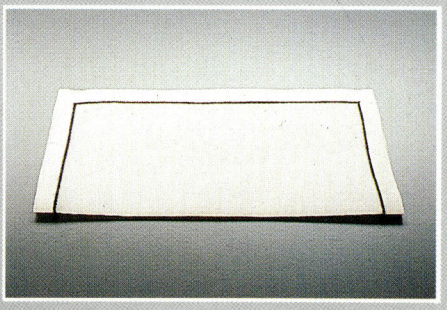

2. Falten Sie die Serviette in der Mitte nach oben.

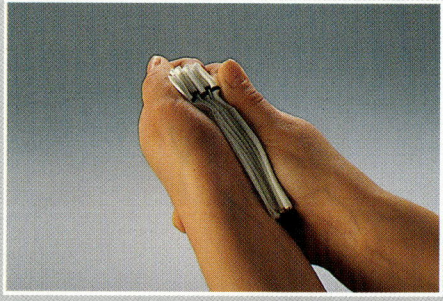

5. Pressen Sie die gefaltete Serviette fest zusammen, und nehmen Sie den unteren geschlossenen Rand der Serviette fest in die Hand.

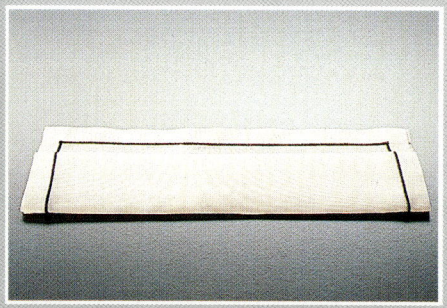

3. Etwa ein Drittel des unteren Teils wird ebenfalls nach oben geklappt und die Serviette wieder um 90 Grad gedreht.

6. Ziehen Sie vom kleineren Fächerblatt die inneren Falten eine nach der anderen nach außen. Nach jedem Ziehen muß die Serviette wieder fest zusammengepreßt werden.

Der Fächer läßt sich auch sehr gut mit Papierservietten falten. Er ist für alle Anlässe die richtige Tischdekoration.

7. Jetzt wird der Fächer im Ganzen auseinandergezogen.

Stehender Fächer

1. Legen Sie die Serviette mit der linken Seite nach oben vor sich hin, . . .

2. . . . und falten Sie diese in der Mitte nach oben.

3. Drehen Sie die Serviette, und legen Sie die schmale Seite im Ziehharmonikasystem gleichmäßig in kleine Falten. Ein Drittel der Serviette bleibt ungefaltet.

4. Die Serviette wird gewendet, so daß der ungefaltete Teil rechts vor Ihnen liegt.

5. Knicken Sie nun den gefalteten Teil in der Mitte nach oben ein, . . .

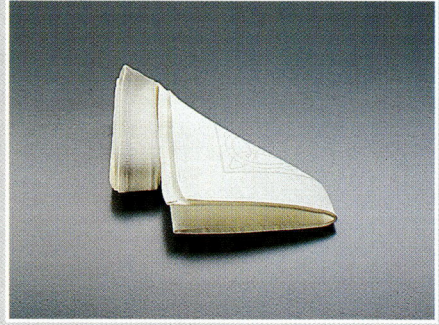

6. . . . und falten Sie den glatten Teil diagonal nach unten.

Diese Fächerform bekommt durch den glatten Teil ein sehr gutes Stehvermögen.

7. Der überstehende Teil wird nach hinten eingeschlagen, das glatte Stück dient als Ständer.

8. Stellen Sie den Fächer auf, er öffnet sich dann von alleine.

Spitzenfächer

1. Die Serviette mit der linken Seite nach oben vor sich hinlegen . . .

2. . . . . und in der Mitte nach unten falten.

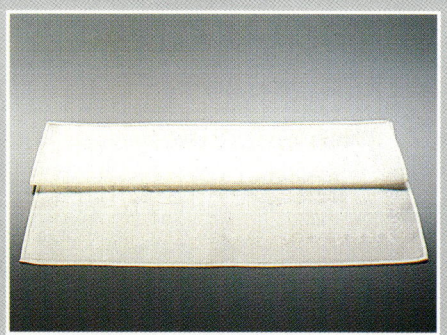

3. Falten Sie das obere Blatt wieder zur Mitte, und wenden Sie die Serviette.

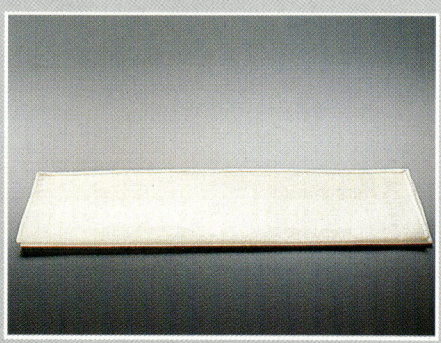

4. Das jetzt obere Blatt wird nach oben gefaltet und die Serviette um 90 Grad gedreht.

5. Legen Sie die schmale Seite im Ziehharmonikasystem gleichmäßig in kleine Falten.

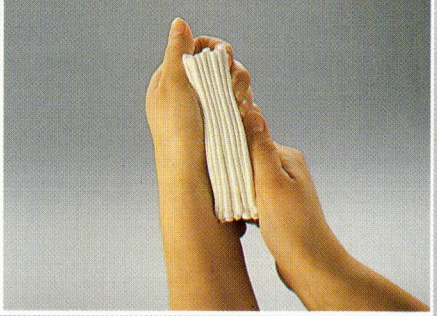

6. Pressen Sie die Falten gut zusammen, und nehmen Sie die Serviette mit den offenen Kanten nach unten fest in die Hand.

7. Nun ziehen Sie von den oberen geschlossenen Kanten auf beiden Seiten die inneren Ecken nach außen. Nach jedem Ziehen erneut pressen.

8. Jetzt wird die Serviette auseinandergefaltet.

Frauenschuh-Orchidee

(auch Dschunke genannt)

1. Legen Sie die Serviette mit der linken Seite nach oben vor sich hin, . . .

4. Aus dem Quadrat wird ein Dreieck gefaltet, dessen offene Seiten nach oben zeigen.

2. . . . und falten Sie sie in der Mitte nach oben.

5. Die rechte und die linke Seite des Dreiecks werden zur Mitte hin gelegt.

3. Legen Sie die Serviette in der Mitte zusammen, so daß ein Quadrat entsteht.

6. Knicken Sie die unteren Spitzen nach hinten, drücken Sie die äußeren Ecken des Schuhs fest nach hinten zusammen, und halten Sie sie mit der linken Hand.

Auch aus einer größeren, dickeren Serviette gefaltet, sieht der Schuh sehr hübsch aus.

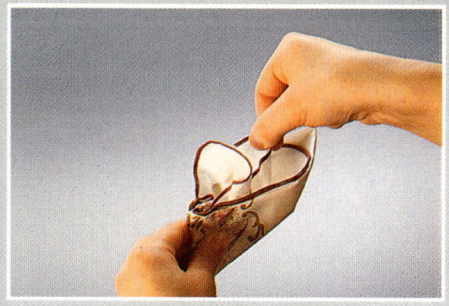

7. Jetzt werden die einzelnen Blätter herausgezogen.

Säule

1.–3. Die voll ausgebreitete Serviette zum Dreieck legen. Die Faltkante des Dreiecks etwa 2 bis 3 cm weit nach oben falten.

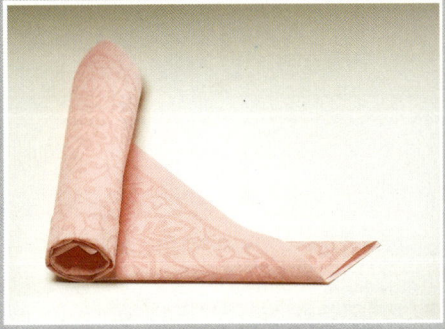

4. Die Serviette umdrehen, aufrollen und das Ende in den Umschlag stecken.

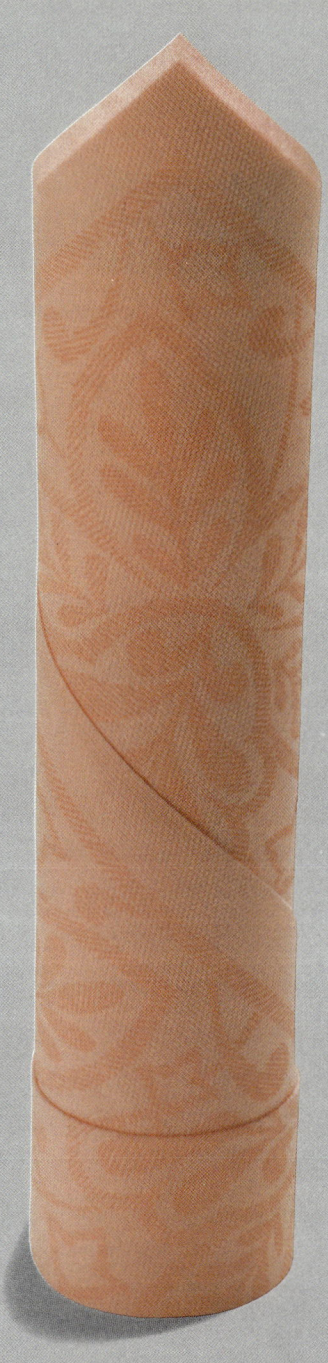

Die Säule wirkt um so schlanker, je enger die Serviette aufgerollt wird.

Zigarrenspitze

Variante

1.–2. Serviette zum Dreieck falten. Dreieck von der Faltkante her aufrollen, aber nicht vollständig.

Das Dreieck vollständig aufrollen, knicken und in ein Glas stellen.

3. Serviette in der Mitte knicken und aufstellen.

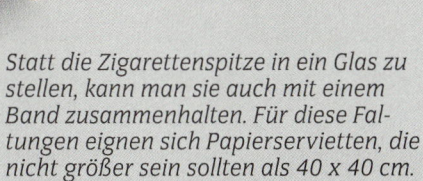

Statt die Zigarettenspitze in ein Glas zu stellen, kann man sie auch mit einem Band zusammenhalten. Für diese Faltungen eignen sich Papierservietten, die nicht größer sein sollten als 40 x 40 cm.

Obelisk

1.–2. Tuch zum Dreieck falten, eine Ecke des Dreiecks nach unten falten.

3. Von der anderen Ecke her die Serviette entlang der Grundlinie aufrollen.

4. Das überstehende Ende in die untere Öffnung stecken.

Je größer die Serviette, desto höher der Obelisk: Etwa 30 x 30 cm oder 40 x 40 cm große Servietten, die auch aus Papier oder Vlies sein können, sind deshalb am besten.

Wellen

Einfache Welle

1. Legen Sie die glatte Serviette mit der linken Seite nach oben vor sich hin, . . .

3. Rollen Sie die Serviette von links bis zur Mitte ein, und drehen Sie die fertige Serviette, wie es auf der Abb. zu sehen ist.

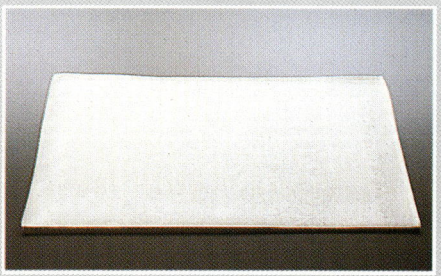

2. . . . falten Sie diese in der Mitte nach oben.

Zweifache Welle

4. Für die zweifache Welle schlagen Sie nun auch noch die rechte Seite der Serviette nach unten ein.

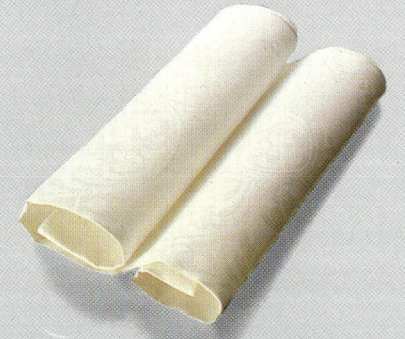

5. So sieht die zweifache Welle aus.

So sieht eine dreifache Welle aus.

Dreifache Welle

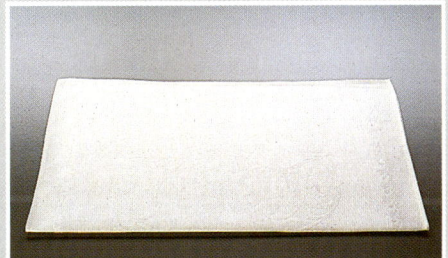

1.−2. Diese beiden Schritte sind die gleichen wie bei der einfachen Welle.

4. . . . die Serviette in der Mitte etwas angehoben und nach rechts zur Welle gelegt.

3. Nun wird hier die rechte Seite nach unten eingeschlagen, . . .

5. Rollen Sie jetzt auch die linke Seite nach oben ein.

Tulpe mit Variante

(auch Banane oder Maiskolben genannt)

1. Die glatte Serviette auf die Spitze legen . . .

4. Legen Sie nun die untere Spitze des Vierecks einige Zentimeter unterhalb der Mittellinie nach oben, und falten Sie die Spitze dieses Dreiecks nach unten.

2. . . . und die untere Spitze nach oben zum Dreieck falten.

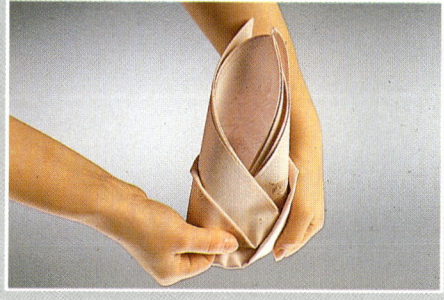

5. Die beiden Enden der Serviette werden hinten zusammengesteckt.

3. Falten Sie die unteren Ecken zur oberen Spitze, so daß ein Viereck entsteht.

6. Biegen Sie die Enden der beiden oberen Zipfel nach unten.

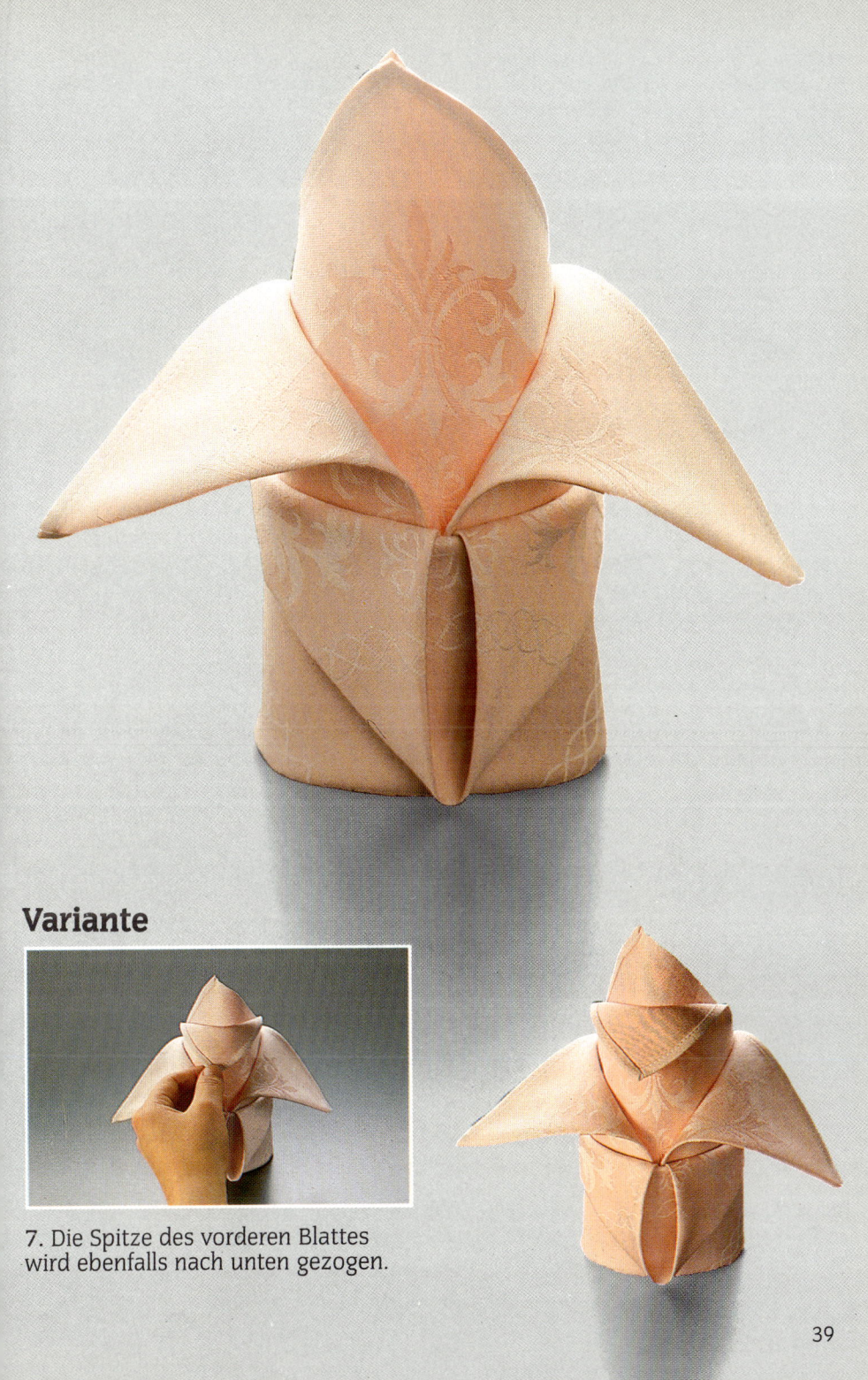

Variante

7. Die Spitze des vorderen Blattes wird ebenfalls nach unten gezogen.

Bischofshut mit Variante

Farbige Variante

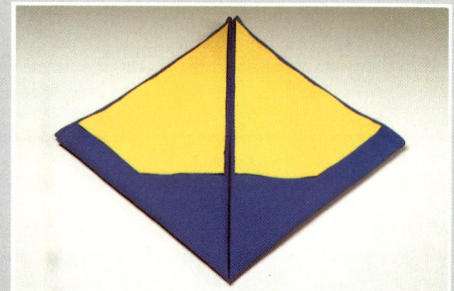

1. Ausgehend von dem Rhombus auf Seite 5 (Abb. 6–8) wird die untere Spitze der Serviette nach oben gefaltet.

Für den zweifarbigen Bischofshut Papierservietten zu dieser Form schneiden und auf den Ausgangsrhombus auflegen.

2. Die Spitze des Dreiecks nach vorn umlegen.

3. Die beiden Enden des Dreiecks hinten zusammenstecken. Die vorderen Spitzen in den Rand einstecken.

So sieht der zweifarbige Bischofshut von hinten aus, wenn die Ecken ineinandergesteckt sind.

Ein kleiner Trick macht aus einem ein-
farbigen Bischofshut eine zweifarbige
Variante. Je kontrastreicher die Farben,
desto interessanter der Effekt.

41

Lilie

1. Legen Sie die glatte Serviette mit der linken Seite nach oben auf die Spitze.

4. . . . und wieder nach oben geklappt.

2. Klappen Sie die obere Spitze nach unten.

5. Nun falten Sie die Spitze des unteren Blattes einmal nach oben und schlagen diesen Teil noch einmal ein.

3. Dann werden die beiden äußeren Spitzen nach unten gefaltet . . .

6. Dieser gefaltete untere Teil wird bis zur Mitte hochgezogen.

7. Heben Sie die Serviette an, und stecken Sie die äußeren Ecken hinten zusammen.

8. Zuletzt werden vorne die Spitzen links und rechts heruntergezogen und in den Rand gesteckt.

Artischocke mit Varianten

1. Die Serviette mit der linken Seite nach oben vor sich hinlegen, . . .

2. . . . und die vier Ecken der Serviette zum Mittelpunkt falten.

3. Falten Sie diese vier Ecken abermals zur Mitte hin, und wenden Sie die Serviette auf die andere Seite.

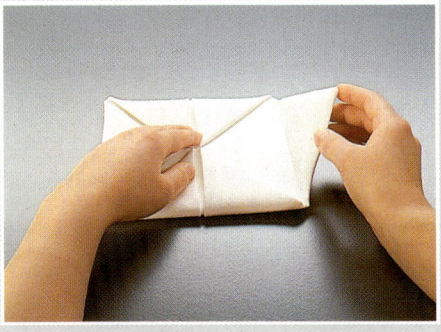

4. Die Ecken werden wieder zum Mittelpunkt hin gefaltet und in der Mitte festgehalten.

5. Ziehen Sie nun die Zipfel, die unter den vier Ecken liegen, vorsichtig nach außen; drücken Sie dabei weiterhin fest die Mitte zusammen.

6. Die Ecken lassen sich leicht aufrichten.

Mit dieser Serviettenform läßt sich ein Tisch sehr schön dekorieren, da man gut eine Schale oder Schüssel in die gefaltete Serviette stellen kann.

Variante 1

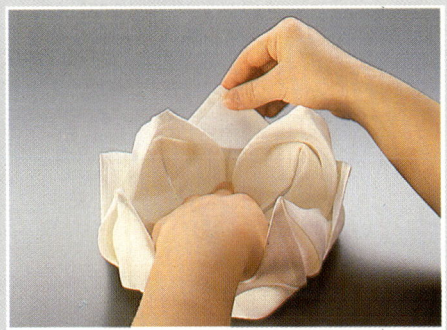

7. Die restlichen Zipfel werden bei dieser Variante ebenfalls vorsichtig unter der Serviette hervorgezogen.

Variante 2

1.–3. Nach den Grundschritten 1 und 2 die Serviette umdrehen und die Ecken erneut zur Mitte falten.

4. Die Mitte festhalten und die Zipfel unter den Ecken vorsichtig herausziehen.

Variante 3

1.–4. Die ersten vier Schritte wie bei der Artischocke oben ausführen, aber die Zipfel nicht herausziehen.

5. Die Serviette umdrehen und alle Zipfel vorsichtig anheben. Blumen oder eine Frucht in die Mitte legen.

Variante 4

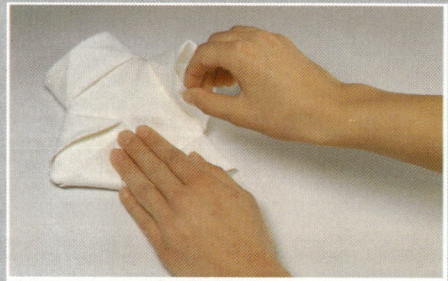

1.–5. Alle Schritte der Variante 3 ausführen, doch statt die Zipfel hochzuheben, die Ecken erneut zur Mitte falten.

6. Die Serviette nochmals umdrehen und die Faltungen an den Ecken zu den Seiten hin auseinanderziehen und gut festdrücken.

Bei der Artischocke und ihren vier Varianten ist es besonders wichtig, darauf zu achten, ob die Serviette vor dem nächsten Schritt umgedreht werden muß oder nicht.

Schräger Palmwedel

1. Die untere Hälfte der Serviette auf diese Weise asymmetrisch nach oben falten.

2. Die Serviette von den Ecken auf die untere Mitte zulaufend in Falten legen und die Falten gut kniffen.

Diese ungewöhnliche Serviettenform wirkt am besten, wenn sie in ein Glas dekoriert wird. Man kann sie aber auch unten mit einem Ring oder einer Schleife zusammenhalten.